SCRIBE

PARIS. — TYP. WALDER, RUE BONAPARTE, 44.

SCRIBE

LES CONTEMPORAINS

SCRIBE

PAR

EUGÈNE DE MIRECOURT

PARIS
GUSTAVE HAVARD, ÉDITEUR
15, RUE GUÉNÉGAUD, 15

1855

L'Auteur et l'Éditeur se réservent le droit de traduction et de reproduction à l'étranger.

AVANT-PROPOS.

—

La tâche que nous nous sommes imposée n'est pas sans péril. De toutes parts nous arrivent les provocations et les menaces.

Un aimable patriote nous écrit, et termine sa lettre en dessinant au bas une guillotine avec un poignard : il nous laisse généreusement le choix entre les deux genres de mort.

Un autre nous annonce un coup d'épée.

Un troisième veut nous envoyer une balle dans le crâne.

Un quatrième, moins sanguinaire, nous prévient qu'il écrira très-prochainement notre biographie.

A la bonne heure! Vis-à-vis de nous la plume est une arme courtoise. Nous engageons le spirituel homme de lettres qui nous juge digne de cette gloire à ne pas accepter ses renseignements à la légère.

M. Émile de Girardin, par exemple, lui dirait que nous sommes né en 1806 et que nous avons QUARANTE-HUIT ANS [1].

Pour le coup, seigneur Girardin, ceci est une déloyauté notoire. Ne pouviez-vous trouver quelque vengeance moins perfide? Quarante-huit ans, miséricorde! quand vous en avez cinquante-trois? Nous sommes loin d'approcher ainsi de votre acte de naissance.

[1] Voir les insertions judiciaires faites dans la *Presse*, le *Siècle* et le *Constitutionnel*.

AVANT-PROPOS.

Otez-nous deux bons lustres, s'il vous plaît.

Vous avez voulu nous donner vos cheveux gris et vos rides pour nous déshonorer aux yeux de nos lectrices. Gardez tout cela, seigneur ! gardez vos cinquante trois ans et vos vertus. Le chiffre de ces dernières dépasse évidemment celui de votre âge, et la France n'apprendra pas sans chagrin qu'un homme aussi recommandable approche de la vieillesse.

Elle ne se consolera qu'en écrivant sur votre tombe :

« Ci-gît le plus parfait modèle de probité politique, le père de l'industrialisme honnête. Tous les partis conservent un précieux lambeau de son histoire, et la Bourse le pleure. »

Nous l'avouons avec franchise, les menaces de guillotine et de poignard nous ont beaucoup moins ému que cette plaisanterie de M. de Girardin.

Tuez-nous, morbleu ! mais ne nous vieillissez pas !

Après nous il restera des écrivains énergiques pour achever notre œuvre.

Les menaces ne réussissent qu'à nous décider de plus en plus à dire la vérité à notre siècle. On n'intimide que les hommes sans conscience et sans cœur.

Sur ce, que M. Scribe nous pardonne d'avoir dérobé quelques lignes à sa biographie. Nos adversaires ont tous les journaux pour l'attaque, et nous n'avons que nos petits livres pour la défense.

EUGÈNE DE MIRECOURT.

SCRIBE

A la fin du siècle dernier, dans la rue Saint-Denis, un peu plus bas que le marché des Innocents, était un modeste magasin de nouveautés, portant pour enseigne : *Au Chat noir*.

Ce fut là que naquit, le 25 décembre 1791, Augustin-Eugène Scribe, le plus fécond des vaudevillistes passés, présents et futurs.

Aujourd'hui la maison qui l'a vu naître existe encore. Elle fait le coin de la rue de la Reynie. Seulement le magasin de nouveautés a disparu, et le *Chat noir*, ou plutôt les *Chats noirs*, car il y en a deux magnifiques sculptés à la hauteur du premier étage, servent d'enseigne à un confiseur.

Scribe était encore au berceau lorsque son père mourut.

Madame Scribe vendit le fonds de commerce, réalisa sa fortune et vint se loger dans les environs de l'église Saint-Roch, où son fils, à peine âgé de quatre ans, dit M. de Loménie, « put voir, caché dans le giron de sa mère, la terrible mitraillade que Bonaparte, général des troupes de la Convention, administra aux sections de Paris, mitraillade d'où sortit l'Empire[1]. »

Notre illustre vaudevilliste a fait ses études au collège Sainte-Barbe.

Il suivait les classes du lycée Napoléon[2], et, trois années de suite, il fut couronné au grand concours des quatre colléges.

Scribe eut à Sainte-Barbe pour camarades intimes Casimir et Germain Delavigne, qui depuis sont constamment restés ses amis les plus chers.

Il y a chez les anciens barbistes une

---

[1] *Galerie des contemporains illustres,* par un homme de rien, art. SCRIBE, p. 12.

[2] Ancien collège Henri IV. — « Sainte Barbe, dit M. Scribe lui-même dans une de ses nouvelles, intitulée *Maurice*, était une sorte d'État constitutionnel placé entre deux gouvernements absolus, Henri IV et Louis-le-Grand. »

confraternité véritable, une sorte de franc-maçonnerie qui les porte à s'entr'aider mutuellement et à se donner le coup d'épaule quand il s'agit d'un obstacle à vaincre, d'une lutte à soutenir. Tous les ans, au 4 décembre, jour de la Sainte-Barbe, ils se réunissent chez Lemardelay dans un banquet tumultueux, où les souvenirs de collége se réveillent au cliquetis des verres et aux détonations du champagne.

Un jour, les propriétaires de Sainte-Barbe se décident à mettre l'établissement en actions [1].

Nos anciens élèves apprennent la nou-

---

[1] Il s'agissait de trouver six cent mille francs pour reconstruire les bâtiments du collége qui menaçaient ruine.

velle, se réunissent dans un banquet extraordinaire et soumissionnent toutes les listes, entre la poire et le fromage.

Déjà riche à cette époque, Scribe souscrivit pour soixante-dix mille francs de ces actions. Il est aujourd'hui l'un des principaux administrateurs du collége.

On nous raconte qu'il a donné des ordres vigoureux pour exclure de la cuisine certain plat de haricots à l'huile, traditionnellement servis en carême, et dont son estomac gardait piteuse mémoire.

Cette réforme lui a conquis trois générations d'élèves.

Prononcez le nom de M. Scribe à Sainte-Barbe, tous les échos le répètent avec enthousiasme. On a parlé de lui élever une statue en plein réfectoire.

Mais nous anticipons sur l'ordre des faits et sur l'ordre des dates.

L'ancienne marchande de nouveautés, fière des succès de son fils, avait décidé qu'il serait avocat. Depuis soixante ans, la bourgeoisie pousse au barreau tous les collégiens triomphateurs; elle encombre le sanctuaire de Thémis de sa progéniture. Quand la foule est trop nombreuse, les plus adroits sortent des rangs, relèvent leur robe et sautent du palais de Justice au palais Bourbon. L'avocat devient député, le député devient ministre.

Madame Scribe toutefois ne vécut pas assez longtemps pour entretenir son fils dans ces louables et fécondes traditions de l'envahissement du tiers état.

Elle voyait avec chagrin que le jeune

homme, au sortir de ses classes, manifestait des goûts peu judiciaires: Barthole n'avait aucun attrait pour lui, Cujas lui donnait des vapeurs. Il se risqua néanmoins à travailler chez un avoué, dont il gâcha tous les actes de procédure et qui finit par remercier son clerc en lui offrant un brevet absolu d'incapacité.

Madame Scribe mourut sur les entrefaites.

Son fils, guidé par un sentiment de déférence et de piété filiale, avait paru suivre jusqu'à ce jour l'impulsion qui lui était donnée ; mais il ne témoigna pas les mêmes égards à M. Bonnet [1], qu'on avait

---

[1] L'un des avocats les plus distingués d'alors, le même qui a défendu Moreau, compromis dans l'affaire de Georges Cadoudal.

chargé de la tutelle. Il leva contre lui le drapeau de la révolte.

« Pour aller à l'école de Droit, dit le biographe que nous avons déjà cité, il prenait assez régulièrement par la vallée de Montmorency, où il s'égarait, — et pas seul. »

Il revenait, le soir, assister aux représentations du théâtre de la rue de Chartres, où l'attendait Germain Delavigne, son camarade de Sainte-Barbe, avec lequel, sur les bancs du collége, il avait essayé déjà de confectionner deux ou trois pièces.

Un des auteurs de *flonflons* les plus en vogue de l'époque était M. Dupin (ne pas confondre avec son cousin, l'ex-président de l'Assemblée nationale). Nos jeunes amis professaient pour le vaudevilliste une admiration naïve. Ils le prièrent d'examiner leurs essais dramatiques.

— Ce n'est pas trop mal, dit M. Dupin. Un peu d'inexpérience, trop de berquinades ; mais de l'agencement, du trait, de jolis couplets. Travaillez ! Je vous donnerai des conseils, tout ira pour le mieux.

Scribe et Germain Delavigne débutèrent au théâtre sous la direction de ce grand maître.

Le 2 septembre 1811, une première pièce de nos barbistes fut jouée sur la scène du Vaudeville. Le public ne l'accueillit point avec faveur. Elle avait pour titre les *Dervis*[1].

— Bah ! fit M. Dupin, travaillez tou-

[1] C'était une arlequinade.

jours; il faut s'habituer au feu. J'en ai vu bien d'autres!

Les jeunes gens se remirent à l'ouvrage; mais trois autres pièces eurent le même sort. Non content de siffler, le parterre eut parfois l'indélicatesse de recourir aux projectiles, et l'acteur qui jouait le rôle de Sancho, dans l'*Ile de Barataria*, reçut une pomme cuite sur l'œil gauche.

— C'est le théâtre qui vous porte malheur, dit M. Dupin aux amis. Quittez le Vaudeville. Je vous offre ma collaboration pour entrer aux Variétés. Avez-vous un sujet?

— Oui, répondit Scribe.

— Quel titre?

— Le *Bachelier de Salamanque*.

— Délicieux! apportez-moi cela.

Nos barbistes, en travaillant avec le maître, se croyaient, cette fois, bien assurés du succès. Hélas! le parterre des Variétés fut aussi injuste que le parterre du Vaudeville. Le talent de M. Dupin ne put conjurer l'orage.

— Ah! s'écria-t-il, voilà qui est fort! Un de vous est né sous une étoile fatale.

— C'est moi probablement, dit avec modestie Germain Delavigne. Je me retire.

Il laissa travailler seuls MM. Dupin et Scribe.

Ceux-ci retournèrent au Vaudeville. Un nouvel enfant, *Barbanera* ou les *Bossus*, fut présenté au baptême de la rampe, et le public impitoyable l'étouffa dans son berceau [1].

[1] A la même époque, Scribe fit jouer un opéra co-

— Décidément, c'est vous qui me portez guignon, dit Dupin à Scribe. Bonsoir !

Tout autre, à la place du jeune auteur, eût été saisi de découragement.

« Mais, dit Louis Huart, dans sa *Galerie de la presse*, il redoubla de zèle et de travail. De même que les Prussiens et les Russes apprenaient la guerre en se faisant battre par les grenadiers de Napoléon, de même Eugène Scribe, à force de se faire battre par le public, apprit aussi comment on pouvait remporter des victoires. Une fois maître de ce précieux secret, il a su le garder et en faire bon usage. »

Le jeune vaudevilliste eut un premier succès dans l'*Auberge* ou les *Brigands*

mique en trois actes, la *Redingote et la Perruque*, musique de Guénée. Cet opéra eut une chute complète.

sans le savoir. Son collaborateur pour cette œuvre était M. Delestre-Poirson. Scribe lui dit un jour :

— Je sais pourquoi mes premières pièces sont tombées.

— Oh! oh! bonne affaire! pourquoi? demanda Poirson.

— Parce que je restais dans les sentiers battus; je copiais les vieux faiseurs, dont je n'ai acquis ni la routine, ni les ficelles. Il faut chasser du vaudeville les rôles banals comme Picard les a chassés de la comédie [1]. En un mot, je veux suivre l'exem-

---

[1] Picard est le premier qui ait exilé du théâtre les Frontin, les Sganarelle et les Valère. C'est lui qui a donné le signal de la renaissance dramatique dans les *Marionnettes*, les *Ricochets*, *Monsieur Musard*, *Médiocre et rampant*, et la *Petite Ville*, cinq chefs-d'œuvre d'originalité. M. Scribe a imprimé le nouveau mouvement littéraire au théâtre de la rue de Chartres.

ple de Molière, et tâcher de peindre les mœurs de notre époque.

— Bravo ! c'est une idée ! fit Poirson.

Scribe continua :

— Nous aurons d'abord à mettre en scène les généraux et les colonels de l'Empire. Du militaire nous passerons au civil, et nous descendrons, s'il le faut, jusqu'à la boutique. Notaires, avoués, bourgeois, courtauds de magasin, tout cela doit être de notre ressort.

— Et les gardes nationaux ! quels bons types ! s'écria Poirson.

— Je n'y songeais pas, dit Scribe. Commençons par eux !

— Très-volontiers.

Séance tenante, ils rédigèrent le plan de cette comédie-vaudeville en un acte qui a pour titre : *Une Nuit de la garde nationale*[1]. Elle obtint un succès éclatant. Scribe était désensorcelé.

Le jour où il commença la pièce, il mit pour condition que Germain Delavigne arriverait en tiers comme collaborateur ; mais celui-ci refusa.

— Je n'ai, dit-il à son ami de collège, ni la persistance ni ton courage. Travaille sans moi.

— Diable ! murmura Scribe, et les couplets ? Je me défie des miens. Quant à Poirson, j'ai peur qu'il n'y entende goutte.

[1] Craignant que le rôle de *M. Pigeon* n'offusquât les bisets, alors très-nombreux à Paris, les auteurs intitulèrent la pièce le premier jour : *Une Nuit de corps de garde*. Le lendemain, ils lui rendirent son véritable titre.

— Casimir et moi nous te les ferons.

— Alors, sois de la pièce.

— Non, j'ai assez du théâtre[1]. Tu aurais, du reste, grand tort d'avoir des scrupules. Il y a toujours ici un magasin de rimes à ton service. Exploite-le sans gêne.

Scribe ne se fit pas répéter deux fois l'invitation.

Casimir et Germain Delavigne lui vinrent très-généreusement en aide pour la facture des couplets de la *Garde nationale*. Ainsi les vers suivants, arrangés sur la *Valse du Havre*, sont dus à la muse qui a dicté le drame de *Louis XI*.

---

[1] Il ne reprit que six ans plus tard sa collaboration avec Scribe, dans le *Colonel* et dans le *Mariage enfantin*, deux comédies-vaudevilles joués au Gymnase.

Je pars
Déjà de toutes parts,
La nuit sur nos remparts
Jette une ombre
Plus sombre.

Chez vous,
Dormez, époux jaloux,
Dormez, tuteurs, pour vous
La patrouille
Se mouille.

Au bal
Court un original
Qui d'un faux pas fatal
Redoutant l'infortune,
Marche d'un air contraint,
S'éclabousse et se plaint
D'un réverbère éteint
Qui comptait sur la lune.

Nous ne citerons pas le reste. Il y a cinquante autres vers de la même vivacité et de la même coupe.

Scribe rendit avec usure ce qu'on lui avait prêté de ce côté-là.

Jamais Casimir Delavigne ne faisait le plan d'une pièce sans consulter le vaudevilliste, dont l'habileté en matière de charpente lui était connue. Livré à lui-même, le père des *Enfants d'Édouard* n'aurait pas eu cette science d'agencement à laquelle, sans conteste, il doit la meilleure part des succès obtenus à la Comédie-Française.

Ici nous ferons une courte pause pour définir le talent de M. Scribe.

Établissons d'abord que ce talent est incontestable, immense. Jamais auteur n'a obtenu des succès aussi universels; jamais ovations plus éclatantes n'ont été décernées à un homme, sous les feux du lustre, en présence d'une foule enthousiaste.

Pourtant M. Scribe n'est pas littéraire.

Mais il a un mérite énorme, celui de la charpente. Il construit d'une main ferme son édifice dramatique et sait joindre avec un art merveilleux toutes les parties qui le consolident.

En vain la critique hausse les épaules, en vain elle jette avec mépris et du bout des lèvres ce mot *charpente,* qu'elle voudrait métamorphoser en injure.

La charpente, au théâtre, c'est la création, c'est la vie.

Avant tout, il est nécessaire qu'un enfant marche et ne soit point estropié.

Qu'on l'habille ensuite avec ou sans élégance, il n'en a pas moins tous ses membres ; il se tient debout et respire sous les haillons comme sous la pourpre.

Conclusion : la charpente se passe du

style, et le style ne se passera jamais de la charpente.

Le secret des triomphes de M. Scribe est là.

Cette qualité, la plus sérieuse de toutes et la plus essentielle quand il s'agit de faire vivre une œuvre théâtrale, il la possède au suprême degré. Ses pièces, en dépit des nombreux défauts qu'elles peuvent avoir, jouissent d'une constitution robuste. Elles fournissent leur carrière, et rarement on les voit trébucher devant le public.

Après le succès de la *Garde nationale*, notre vaudeviliste marche de triomphes en triomphes. *Flore et Zéphire*, la *Jarretière de la Mariée*, le *Comte Ory*, le *Nouveau Pourceaugnac*, le *Solliciteur*, la *Fête du Mari*, l'*Hôtel des Quatre-Nations*, *Une Visite à Bedlam*, la *Somnambule*, les *Deux Précepteurs*, et vingt autres pièces sont jouées tour à tour aux Variétés et au Vaudeville.

La mine est en pleine exploitation.

Chargés de manuscrits de toutes sortes, les collaborateurs prennent le chemin de la rue du Sentier, où demeure l'heureux M. Scribe. Ils font antichambre chez lui comme chez un prince.

Mais l'entrée du cabinet du vaudevilliste ressemble à celle du royaume des cieux : il y a beaucoup d'appelés et peu d'élus.

Dupin et Delestre-Poirson tiennent autant que possible la porte close.

Ils ne permettent qu'à Brazier, Carmouche, Mélesville et Saintine [1] de pénétrer dans le sanctuaire et de partager le filon d'or.

Scribe devient un véritable entrepreneur dramatique. Il organise sur une échelle immense un commerce de vaudevilles et d'opéras-comiques, ayant soin que la fourniture ne manque à aucun théâtre et soit livrée à l'heure.

C'est un autre magasin du *Chat noir*. Seulement au lieu d'y vendre de l'indienne et de la mousseline, on y débite des actes et des couplets, le tout au plus juste prix.

Dès le début, Scribe se montre de la

---

[1] L'auteur de *Picciola* a fait plusieurs pièces avec Scribe. Voici le titre des principales : le *Témoin*, l'*Ours et le Pacha*, et le *Duc d'Olonne*.

force de Beaumarchais pour le talent et pour le calcul. Comme l'auteur du *Mariage de Figaro*, il exige qu'on le paye sur la recette [1], trouvant parfaitement ridicule d'enrichir les autres en restant pauvre.

Le nouveau mode de perception des droits commence en avril 1817, après le succès du *Solliciteur* aux Variétés. Presque aussitôt la commission dramatique se fonde, un contrôle sérieux s'établit, les auteurs se liguent contre les directeurs ;

[1] Les directions achetaient pour une somme souvent très-minime les pièces aux auteurs. Cette somme une fois payée, ils n'avaient plus rien à prétendre, succès ou non. Les Désaugiers, les Moreau, les Brazier, touchaient 50 fr., 25 fr., et même 18 fr. pour un acte. Le Théâtre-Français et le théâtre du Vaudeville payaient seuls un droit progressif.

ils voient le Pactole changer de cours et se jeter dans leur caisse.

C'est à M. Scribe qu'on doit ce détournement du fleuve.

En défendant ses intérêts, il défend ceux de ses confrères et maintient la réforme avec l'autorité que lui donne le succès. Messieurs les directeurs de théâtre rendent enfin à César ce qui appartient à César.

Le champ littéraire est en coupe réglée. Chaque jour la moisson devient plus abondante, et les meilleures gerbes s'entassent dans les greniers de M. Scribe. Rarement agriculteur sut mieux retourner la glèbe et faire produire double récolte aux sillons.

Tout ceci se passait en 1820.

Notre vaudevilliste approchait de sa trentième année.

Il habitait, à cette époque, avec un ami intime, employé dans un ministère, et dont il avait fait, en quelque sorte, l'organisateur de ses succès.

Cet ami se nommait Fournier. Quelquefois il travaillait aux vaudevilles, brochait un dialogue ou aiguisait une pointe ; mais en cela ne consistait pas sa besogne essentielle. Il courait les foyers de théâtre, s'appliquait à reconnaître les impressions diverses du public, chauffait adroitement l'enthousiasme dans les groupes, essayait de fléchir les rigueurs de la critique et se donnait une peine incroyable pour faire passer son ami à l'état de grand homme.

Scribe lui a dû souvent quelques sifflets

de moins et nombre de bravos de plus.

Le jour des premières représentations, Fournier distribuait des coupons et des stalles à quarante ou soixante amis, se plaçait au centre de l'orchestre avec cette cohorte dévouée, et formait de la sorte une claque amicale, contre laquelle le public n'était pas en défiance, et dont les salves gantées entraînaient toujours les applaudissements des galeries et des loges.

Sauton, le Porcher de l'époque, se croisait les bras dans le plus doux des loisirs.

Cependant un nouveau théâtre préparait son ouverture. MM. Delestre-Poirson et Cerfbeer, maîtres du privilége, eurent soin tout d'abord d'attacher Scribe à leurs destinées. Le fécond vaudevilliste, suivi de sa troupe de collaborateurs, auquels étaient venus se joindre les Moreau, les Dumersan, les Dupaty, les Francis et les Mazères, commença cette campagne brillante, que nous l'avons vu, dix années durant, fournir au Gymnase sans qu'un seul jour ait diminué le succès de la veille.

Certes, il nous serait impossible, lors même que nous ne ferions qu'en énoncer le titre, de rappeler ici toutes les pièces composées par M. Scribe pour le théâtre Bonne-Nouvelle. Il en a donné là plus de cent cinquante [1].

---

[1] Outre le *Colonel* et le *Mariage enfantin*, que nous avons déjà citées, les principales sont : l'*Amour platonique*, — *Frontin mari garçon*, — *Michel et Christine*, — la *Veuve du Malabar*, — la *Loge du portier*, — *Partie et revanche*, — le *Baiser au porteur*, — la *Quarantaine*, — le *Plus beau jour de la vie*, — la *Demoiselle*

On n'a point d'exemple d'une vogue aussi durable et aussi soutenue.

Madame la duchesse de Berry, cœur héroïque, mais tête un peu folle, contribua, par le patronage qu'elle accorda au théâtre du Gymnase, à y attirer la foule et à réunir dans une même admiration pour M. Scribe la bourgeoisie et le faubourg Saint-Germain.

« En pareille position, dit avec beaucoup de justesse M. de Loménie, Molière eût fait son public ; mais Scribe n'est pas Molière. Il prit une voie plus commode, moins chanceuse, plus douce ; il se fit à son public. Renonçant aux larges propor-

---

à marier, — la *Lune de miel*, — le *Mariage de raison*, — un *Mariage d'inclination*, — la *Marraine*, etc., etc. Nous en passons, et des meilleures.

tions de l'art, à la rude franchise des allures, à l'énergie de la satire; il fut joli, gracieux, coquet, verbeux, spirituel; il sut étaler aux yeux toutes sortes de petites situations plus ou moins scabreuses, recouvertes d'un voile léger et élégant; il assaisonna le fruit défendu d'un grain de moralité, et les dévotes les plus charmantes purent venir y mordre sans crainte du confesseur. Il est incontestable que les bonnes et rudes trivialités de Molière sont au-fond plus *honnêtes* et plus *décentes* que la phraséologie roucoulante et les incidents gazés de M. Scribe[1]. »

Notre siècle était destiné à voir un des plus curieux phénomènes qui se soient ja-

[1] *Galerie des contemporains illustres, par un homme de rien*, t. III, art. Scribe, p. 21 et 22.

mais produits à l'horizon des lettres. Nous voulons parler de cette étrange lubie qui s'est tout à coup emparée des auteurs de se mettre à deux, à trois et même à quatre pour avoir de l'esprit.

Cela peut être original, mais bien évidemment ce n'est point un progrès littéraire.

Il y a là pauvreté, doute de soi-même, impuissance. Jamais un talent nerveux et robuste ne fait appel à un autre talent pour créer une œuvre. N'avoir pas la force d'engendrer seul et prier un voisin de vous venir en aide nous semble une manœuvre assez bouffonne.

On nous répondra que la collaboration n'est pas toujours un signe de faiblesse et qu'elle peut naître du calcul. C'est très-juste. Nous avions oublié que les mœurs de l'arrière-boutique étaient, depuis tantôt quarante ans, implantées dans la littérature.

Or, du calcul à l'exploitation, il n'y a qu'un pas.

De l'exploitation à ce sentiment avide qui porte à s'approprier le travail des autres, la distance est aussi fort courte : la probité ne se pose pas toujours en obstacle et la laisse franchir.

Qu'avons-nous vu, de nos jours, et que voyons-nous encore?

D'audacieux pirates littéraires chargent sur leur navire la cargaison d'autrui, s'en proclament les maîtres, et voguent à pleines voiles vers la renommée.

Ce n'est pas M. Scribe que nous accusons, Dieu nous en garde !

Il y a huit ans, lors d'une trop fameuse querelle, où nous a jeté l'amour du droit et de la justice, nous écrivions les lignes suivantes :

« M. Scribe n'est jamais sorti des bornes de la collaboration permise, il a nommé ses collaborateurs.

« M. Scribe a partagé non-seulement la recette, mais la gloire avec ceux qui lui sont venus en aide pour ses travaux scéniques. Il n'a point accaparé le succès à son profit, il n'a point arraché les couronnes du front de ses confrères.

« M. Scribe a fait les Duveryer, les Bayard, les Théaulon, les Mélesville et bien d'autres. Il les prend par la main pour les conduire en présence du public; et le public les voit debout à ses côtés.

« Il ne les tient pas sous le boisseau;

« Il ne les étouffe pas secrètement dans les ténèbres de la coulisse pour venir seul moissonner les fleurs à la clarté de la rampe et jouir des applaudissements du parterre.

« Il ne leur enlève pas, en un mot, ce qu'un homme de lettres a de plus précieux, la gloire du nom[1]. »

Voilà ce que nous avons dit, et ce que nous sommes heureux de répéter aujourd'hui comme une louange.

Puisque la collaboration est à la mode, en dépit de la logique et du bon sens, on

---

[1] *Fabrique de romans, maison Alexandre Dumas et compagnie*, p. 58

apprendra du moins que M. Scribe est le plus honnête et le plus laborieux des collaborateurs.

Non content de faire sa part de travail, il reprend en sous-œuvre la tâche des autres et transforme complétement les scènes.

Celui qui les a écrites ne les reconnaît plus.

Un soir, au dîner mensuel de la commission dramatique, un jeune vaudevilliste, qui n'avait jamais collaboré avec Scribe, se mit à l'attaquer d'une façon presque outrageante.

— Il a fait trois cents pièces, dit-il, grâce au concours d'une multitude de gens très-forts et très-exercés. Qu'on établisse la proportion, il en résulte que, dans cette immense besogne théâtrale, l'esprit de M. Scribe est à celui de ses collaborateurs comme *un* est à *quarante*.

— Je vous affirme que vous avez tort, répondit M. Carmouche, présent au banquet.

— Ah! fit le jeune homme. Comment le démontrerez-vous?

— Par une preuve qui m'est personnelle. J'ai fait douze ou quinze vaudevilles avec Scribe, et je puis vous affirmer que, dans toutes ces pièces, il n'y a pas un mot de moi.

La déclaration ne pouvait être plus formelle et plus sincère. Beaucoup d'autres convives avaient collaboré avec l'écrivain qu'on attaquait. Tous appuyèrent M. Carmouche et tinrent absolument le même langage que lui.

C'est pour Scribe une sorte de point d'honneur de refondre entièrement les actes qu'on lui apporte. Il donne à l'ensemble son cachet, il efface le dialogue de ses confrères et le remplace par un dialogue de sa fabrique ; il trouve d'autres ressorts, il invente des situations nouvelles, il change le nœud de l'intrigue et métamorphose les péripéties.

Avec ce système, dont il ne se départ jamais, quand une pièce est mauvaise, il la rend bonne.

Mais, en revanche, si elle est bonne, il la rend mauvaise.

Le travail est une passion chez lui. On l'a vu recommencer trois ou quatre fois une œuvre dramatique, condamnant au feu les manuscrits précédents, et se remettant à écrire sur nouveaux frais.

Un jour, M. Dupin lui propose une pièce assez médiocre, en deux actes, avec deux personnages. Scribe ajoute un rôle, change les autres, coupe un acte, jette la pièce au creuset, la refond entièrement et la fait mettre à l'étude.

Trois semaines après, l'affiche annonce une première représentation. Scribe invite à dîner M. Dupin.

— Mon cher, lui dit-il, expédions les plats, car je vous emmène au Gymnase. J'ai pris une baignoire de face. Deux personnes doivent se mettre sur le devant. Nous ne serons pas aperçus.

— Ah! ah! c'est de vous *Michel et*

Christine, à ce qu'il paraît? demande son convive:

— C'est de moi.

— Vous êtes seul pour cette pièce?

— Non pas, nous sommes deux.

— Avec qui êtes-vous?

— Mangez toujours, vous le saurez plus tard.

Après le dîner, ils se rendent à la salle Bonne-Nouvelle. La pièce commence. Dupin dit à Scribe, après la troisième scène :

— Voilà qui est délicieux! Ce rôle de militaire, cette jeune aubergiste... Parfait! parfait! parfait!

D'autres scènes se jouent, les exclamations de Dupin redoublent, et Scribe lui dit:

— Maintenant vous devinez quel est mon collaborateur?

— Ma foi, non!... Chut! plus un mot, je tiens à écouter la pièce. Elle est ravissante!

— A votre aise, dit Scribe.

Les acteurs continuent de jouer. Quand ils en sont à la neuvième scène, Dupin balbutie :

— Diable! diable! cette situation a quelque rapport avec le second acte de notre pièce... Hein? trouvez-vous?

— Bah! nous y remédierons, dit Scribe.

— N'importe, c'est fâcheux. On n'est jamais sûr de rien au théâtre. Les idées courent dans l'air, et votre collaborateur a pris celle-ci au vol... A moins qu'elle ne soit de vous?

— En vérité, non, elle est de lui.

— Comment se nomme-t-il?

— L'acte touche à sa fin ; vous allez le savoir.

Quelques minutes après, la toile tombe au milieu des applaudissements. Elle se relève bientôt pour laisser le régisseur annoncer au public que les auteurs de *Michel et Christine* sont MM. Scribe et Dupin.

Ce dernier tressaille au fond de la baignoire.

— Ah ! le mauvais père, dit Scribe, qui ne reconnaît pas ses enfants !

— Parbleu ! fit Dupin, quand on me les change en nourrice !

Il se précipite au cou de son collaborateur et le remercie du succès par une chaude accolade.

Scribe a exécuté cinquante tours de force aussi merveilleux que celui-là. *Va-*

lérie, sa pièce de début à la Comédie-Française [1], était d'abord en un acte. On destinait le rôle à Léontine Fay, l'actrice aimée du Gymnase. Celle-ci tombe malade. L'auteur biffe les couplets, retranche une ligne, une seule ligne dans le dialogue, réussit à opérer deux coupes excellentes, et va lire triomphalement au comité de la rue Richelieu son vaudeville métamorphosé en une comédie en trois actes.

On la reçut par acclamation. Mademoiselle Mars joua le rôle destiné à Léontine.

Toutes les pièces de M. Scribe peuvent être dégagées de leurs couplets sans éprouver une perte sensible. Jamais il n'a eu de prétention au titre de poëte.

[1] En société avec Mélesville.

Le jour où l'on inventera le couplet en prose, il l'adoptera sur-le-champ.

Mais son adresse est si grande, et l'art de la scène est poussé chez lui à un si haut point, que ses couplets les plus médiocres sont toujours sauvés par la situation.

Et la preuve, c'est que personne, dans *Michel et Christine*, ne s'est avisé de siffler ce passage trop connu :

> Un vieux soldat doit souffrir et se *taire*,
> Sans *murmurer*.

En dépit de sa pauvreté de rhythme et de son absence d'inspiration, M. Scribe a fait quelque chose comme deux ou trois cent mille vers, c'est-à-dire beaucoup plus que Lamartine et Victor Hugo.

Ses opéras-comiques ou non comiques,

au point de vue de l'art sérieux, offrent une étude amusante.

On aurait tort de s'imaginer que la poésie et la musique, ces deux sœurs harmonieuses, s'accordent ensemble.

La musique exerce sur la poésie un despotisme indigne ; elle la maltraite, elle lui rogne les ailes, elle la déchire à coups de croches et de doubles-croches, de façon que la malheureuse est obligée de prendre la fuite et de céder le pas à la vile prose, qui se pare de ses dépouilles et ressemble à une sorcière de Macbeth affublée de la robe d'une muse.

Voilà pourquoi les vrais poëtes ne s'entendront jamais avec les musiciens.

Il faut à ceux-ci un prosateur armé d'un dictionnaire de rimes, qui coupe la mesure à leur caprice et se prosterne humblement devant leurs exigences.

Avec Chérubini, Meyerbeer, Boïeldieu, Rossini, Hérold, Auber et Carafa, Scribe a gagné plus d'un million; mais, en vérité, ce n'est qu'un médiocre dédommagement de toutes les tortures que ces messieurs lui ont fait subir.

Il disait naïvement de Meyerbeer :

— Cet homme-là me fera tourner en bourrique !

Tous ses cheveux ont grisonné dans ce travail étrange, où il détruisait le lendemain ce qu'il avait fait la veille, pour le recommencer et le détruire encore.

— Ici, dit un jour Meyerbeer, cornant le libretto, notre sujet exige une romance.

— Bon! répond Scribe. Quelle rhythme voulez-vous?

— Je veux des vers de huit syllabes, forme carrée.

Scribe se hâte de composer la romance et l'envoie au maestro, qui la lui retourne presque aussi vite avec une lettre ainsi conçue :

« La forme carrée est absurde. Faites-moi des vers de dix syllabes, cela porte mieux la mesure. »

(Il s'agissait d'une affaire de longueur, et comme Scribe travaillait au mètre, il fallait bien se résigner. La romance rentra au moule une fois, deux fois, dix fois de suite, et quand, une semaine durant, ce manége eut pris toutes les heures de l'écrivain, Meyerbeer déchira la feuille en s'écriant :

— Pourquoi, diable ! prétendiez-vous qu'il y avait là un sujet de romance ?

— Eh ! ce n'est pas moi qui l'ai prétendu, c'est vous !

— Vraiment ?.. S'il en est ainsi, *nous nous sommes trompés*.

Un autre jour, rencontrant Scribe sur le boulevard des Italiens, et le prenant sous le bras, Meyerbeer lui glissa mystérieusement ces mots à l'oreille :

— Il m'est venu hier soir une idée magnifique.

— Pour notre opéra ?

— Pour notre opéra.

— Voyons l'idée.

— Je voudrais réunir au quatrième

acte tous nos personnages afin d'avoir un septuor.

— Mais c'est impossible! dit Scribe. Les trois premiers actes sont terminés. Quand on veut une situation semblable, il faut la préparer dès l'origine.

— Sans doute, j'en conviens. C'est un énorme travail à refaire. Mais un septuor! songez-y donc, un septuor!

— Allons, soit, j'arrangerai cela, dit Scribe en soupirant.

Il consacra six semaines aux retouches. Meyerbeer prit le libretto, le garda trois ans, et dit à son collaborateur :

— Toutes réflexions faites, *notre* septuor n'ira pas. Je préfère un monologue.

Une troisième fois, il s'agissait de refondre entièrement la pièce. Scribe eut, ce jour-là, des pensées de suicide.

Tous les autres musiciens le tourmentaient par leurs extravagances. Auber lui coupait une strophe de manière à la rendre inintelligible; Boïeldieu intervertissait l'ordre des rimes et faisait hurler la prosodie, Hérold déplaçait la césure, et Carafa donnait révolutionnairement quatorze pieds à un hexamètre.

Il n'y eut pas jusqu'à mademoiselle Bertin qui ne se permît, dans le *Loup garou*[1], de faire boiter deux distiques.

Cinq ou six années plus tard, ayant sur son piano le livret de la *Esmeralda*, elle voulut essayer les mêmes licences; mais

[1] Opéra-comique, joué en 1828. C'était le premier début musical de la fille du rédacteur en chef des *Débats*.

un sourd rugissement du lion littéraire éteignit ses notes et glaça ses accords.

Elle comprit qu'on ne traitait pas la poésie de Victor Hugo comme celle de Scribe.

Nous arrivons à 1830, époque assez fatale pour l'écrivain dont nous racontons l'histoire. Sa comédie à l'eau de rose se trouva tout à coup dépréciée. La foule s'éloigna de la parfumerie du Gymnase. M. Scribe n'avait point gardé de limites, il avait oublié la possibilité du mal de tête.

Une autre littérature que la sienne affriandait le public.

En vain il redoubla d'efforts, il n'eut plus çà et là que de rares éclairs de succès. *Une Faute*, les *Malheurs d'un Amant* heureux, le *Lorgnon*, la *Chanoinesse*, *Être aimé ou mourir*, *Une Chaumière et son Cœur*, voilà, sur cinquante ou soixante pièces, les seules qui aient pu triompher de l'indifférence générale et ramener quelques lueurs de ses beaux jours[1].

M. Scribe gardait rancune à la Révolution.

Il résolut de la souffleter à sa manière, c'est-à-dire sans beaucoup de nerf et avec un bouquet de fleurs.

Le succès de *Valérie* et du *Mariage d'argent* lui ouvrait toutes grandes les portes du Théâtre-Français; il y fit entrer

[1] Pendant près de dix ans, c'est-à-dire de 1837 à 1848, M. Scribe n'a plus travaillé pour le Gymnase. Le directeur actuel, M. Montigny, est parvenu à le ramener à ce théâtre, où il a donné, dans ces derniers temps, une *Femme qui se jette par la fenêtre*, *Héloïse et Abeilard*, etc.

Bertrand et Raton, riant sous cape du bon tour qu'il jouait à certains personnages haut placés.

Mais on ne parut même pas s'apercevoir de l'agression.

Comme, au bout du compte, M. Scribe ne trahissait que le secret de la comédie, on le laissa faire. Peu importe, après le dénoûment, qu'un indiscret s'avise de montrer les ficelles.

Cette nuance d'aigreur chez le fécond vaudevilliste perce dans toutes les œuvres qu'il fit alors.

Il se livre un peu à l'opposition, il devient un peu voltairien, il attaque un peu la morale, il doute un peu de la Providence, parce qu'il voudrait un peu se faire craindre et devenir un peu académicien.

M. Fortoul, qui, à cette époque, a tracé le portrait de Scribe, s'exprime en ces termes :

« Il est laborieux et honnête; mais, n'ayant pas été assez ambitieux dans les commencements, il l'est peut-être trop aujourd'hui. Il est spirituel plutôt que fin, moqueur plus que comique, et entendu plus qu'intelligent; il a fait consister tout l'art du théâtre dans la vraisemblance et dans l'imitation de la réalité, ne sachant pas trop ce qu'il peut y avoir au delà. Si vous cherchez à le caractériser par un côté plus élevé, vous ne lui trouverez d'autre originalité que d'avoir osé rire de tout, à tout prix. Peut-être a-t-il cru sérieusement imiter en cela Rabelais, Molière et Voltaire, qui ont, il est vrai, beaucoup plus ri que lui avant lui. M. Scribe ne s'est pas aperçu que ces grands hommes tournaient l'ironie au service des idées et non pas contre elles. Quant à lui, il ne s'est servi des formes du ridicule que pour décrier tous les élans vers l'idéal. »

Cette appréciation est remarquable par sa justesse et par sa profondeur.

Scribe ressemble à une lorgnette dans laquelle on regarde par le gros bout : il rapetisse les objets.

Les personnages qu'il met en scène deviennent des nains. Avec lui la grandeur s'abaisse, la majesté s'efface, la vertu décroît.

Pour cet enfant gâté du théâtre, l'histoire n'est plus qu'un joujou ; il se divertit avec elle, il la brise, il la réduit à des proportions mesquines.

Lisez le *Verre d'eau*, si vous tenez à connaître quels grands événements, selon M. Scribe, naissent d'une très-petite cause[1].

---

[1] Avant le *Verre d'eau*, M. Scribe avait donné à la Comédie-Française la *Passion secrète*, l'*Ambitieux*, la *Camaraderie* et le *Fils de Cromwell*, qui paya le succès des trois autres pièces par une chute retentissante. De 1845 à 1854 il a fait jouer au même théâtre *Une Chaîne*, *Adrienne Lecouvreur*, les *Contes de la reine de Navarre*, *Bataille de Dames* et *Mon Étoile*.

On nous assure que, vers 1838, au moment où mademoiselle Mars sur son déclin avait encore la prétention de remplir les jeunes rôles, quelques sociétaires dirent à M. Scribe : « Ah! si l'on pouvait lui faire accepter les duègnes! — Pourquoi non? répondit-il. Gageons que je la décide! » On tint le pari. M. Scribe se mit au travail sur-le-champ et composa pour mademoiselle Mars un rôle de grand'mère. Seulement, afin de lui dorer la pilule, il imagina de mettre dans la pièce un futur qui, sur le point d'épouser la petite-fille, tombait amoureux de l'aïeule. La comédie faite, il se hâta de la lire à la célèbre actrice, qui la trouva charmante. « Vous comprenez, lui dit Scribe, quel rôle je vous destine? — Certainement, répondit mademoiselle Mars; mais qui allez-vous prendre pour jouer la grand'mère? »

Ce genre de comédie offre beaucoup d'intérêt, nous ne le contestons pas; mais au lieu d'éclairer il obscurcit, au lieu d'enseigner il abuse.

Tout réduire à une mystification, cela peut être spirituel, mais ce n'est pas moral.

En flattant par calcul les goûts du vulgaire, M. Scribe ne voit pas qu'il travaille exclusivement pour la sottise présente.

A l'horizon des sociétés futures, le scepticisme n'aura jamais de perspective. L'homme a besoin d'espérer et de croire.

Du reste, quand on chatouille assez agréablement l'épiderme à son siècle pour

Scribe, en face d'une pareille question, ne pouvait plus garder le moindre espoir de réussir. Il vint déclarer qu'il avait perdu la gageure, et porta sa pièce au Gymnase, où elle fut jouée par Léontine, le 14 mai 1840, avec un grand succès. C'était une revanche de *Valérie*.

le convaincre qu'il s'amuse, ou mérite une récompense. La palme académique vint consoler M. Scribe des torts que la Révolution de juillet avait eus à son égard [1].

Le jour où il s'installa sur le siége laissé vacant par la mort de M. Arnault, un académicien (celui-là sûrement lui avait refusé sa voix) osa dire assez haut pour être entendu du récipiendaire :

— Ce n'est pas un fauteuil qu'on doit donner à ce monsieur, c'est une banquette pour asseoir ses quarante-huit collaborateurs et lui.

Un autre ajouta :

— Depuis quand recevons-nous les agents de change ?

[1] Il fut admis à l'Institut en 1836. On le voit très-rarement assister aux séances.

Ces deux mots prouvent qu'on peut être quelquefois spirituel à l'Académie et que la méchanceté n'en est pas exclue.

On a trop attaqué M. Scribe à propos de sa réception. La presse surtout s'en est montrée furieuse jusqu'à la rage, ce qui laisse croire, en fin de compte, que le candidat n'était pas sans mérite. Sur quarante immortels, il y en a vingt-cinq, au moins, qui peuvent prendre place au-dessous de lui.

Si M. Scribe était littéraire, s'il était descendu profondément dans la nature humaine au lieu de l'effleurer et de s'arrêter à la surface, il serait une des plus grandes illustrations du théâtre; mais il a modelé la cire, quand il pouvait ciseler l'airain; mais il a fait de l'exploitation, quand il pouvait faire de l'art ; mais il a courtisé le présent au préjudice de l'avenir, et le présent, qui n'a pas le droit de sanctionner la gloire, n'a pu que lui donner de l'or.

M. Scribe a deux ou trois millions dans ses coffres.

La régularité constante avec laquelle il conduit sa barque financière lui permet de la lester chaque jour et d'y entasser de nouveaux lingots sans la faire chavirer.

Ses droits d'auteur montent parfois à des sommes énormes. Il a eu des années où les recettes dramatiques enregistraient pour son compte cent soixante ou cent quatre-vingt mille francs [1].

---

[1] La progression du chiffre de vente du manuscrit de ses pièces aux libraires est à étudier. En 1812, Barb lui achète l'*Auberge* 100 fr.; payables, non en espèce mais en volumes. En 1816, le *Comte Ory* est vend

Si vous interrogez les éditeurs sur le caractère de Scribe, ils ne manqueront pas de le noircir. Vous pouvez être sûr d'entendre sortir de leur bouche une accusation d'avidité.

Holà ! messieurs, holà ! Nous vous arrêtons au collet sur ce grand chemin de la calomnie.

Assez et trop longtemps vous avez dépouillé les auteurs. Il est juste qu'on vous fasse un peu rendre gorge.

Marchands de l'esprit des autres, vous avez droit à une remise honnête, mais non pas à la totalité des fruits de la vente.

400 fr. En 1822, un éditeur pousse *Valérie* jusqu'à 3,000 fr., et, en 1833, *Bertrand et Raton* monte à 4,500 fr. Aujourd'hui M. Scribe ne donne pas à moins de 5,000 fr. la permission d'imprimer une pièce en cinq actes.

Scribe a voulu le premier compter avec vous, et certes, pour lui comme pour ses confrères, l'idée n'a pas été mauvaise.

Laissez-nous la gloire, fort bien! mais ne prenez pas tout l'argent.

Il est mieux placé, croyez-le, dans nos mains que dans les vôtres, et M. Scribe en est une preuve vivante. Jamais un littérateur malheureux n'a recours à lui sans qu'aussitôt il ne lui tende une main libérale.

On cite à son éloge des faits qui eussent honoré saint Vincent de Paul.

Un matin, de très-bonne heure, Saintine, pressé d'en finir avec une collaboration, se rend à l'hôtel que son ami venait d'acheter rue Olivier-Saint-Georges.

Dans la rue, sous la porte cochère, le

long de l'escalier, il aperçoit une foule de malheureux ouvriers du voisinage. Il les interroge. Ceux-ci lui apprennent que tous les premiers du mois, depuis le ralentissement des travaux, Scribe leur sert une petite pension, au moyen de laquelle ils soutiennent leur famille, et qu'il a promis de leur continuer jusqu'à la reprise de l'ouvrage.

Cela durait déjà depuis longtemps. Saintine, familier de la maison, n'en était pas instruit.

Scribe a dépensé de la sorte plus de cinq cent mille francs, en secours, en aumônes, en dots [1] et en cadeaux. Il lui est

[1] Il a marié une de ses nièces à M. Bayard. Celui-ci avait la réputation de décrier toutes les pièces des autres et de les entraver autant que possible. « Quel excellent neveu j'ai là, disait Scribe, mais quel détestable confrère ! »

permis, par conséquent, d'être un peu serré avec les éditeurs et d'enlever de leur bourse un argent que ceux-ci n'emploieraient peut-être pas en bonnes œuvres.

Quand Scribe ne donne pas ses deniers aux personnes qui viennent à lui dans la détresse, il leur donne sa collaboration, ce qui parfois vaut mieux encore.

On nous cite, à cet égard, une anecdote curieuse.

Une dame d'un certain âge, ancienne maîtresse d'institution, lui apporte le manuscrit d'un vaudeville intitulé les *Empiriques d'autrefois*.

— Mon Dieu, madame, dit Scribe, je suis accablé de besogne ; vous risquez d'attendre longtemps.

— N'importe, dit-elle, pourvu que

mon tour arrive, c'est tout ce que je demande.

Elle laisse le manuscrit entre les mains du savant charpentier, trop heureuse d'emporter une espérance.

Le lendemain, Scribe apprend que cette dame est dans une situation de fortune déplorable et presque voisine de la misère. Il quitte tous ses autres travaux, prend le manuscrit des *Empiriques*, arrange, corrige, refond la pièce, la porte au Gymnase, et la fait jouer, le tout en moins de six semaines.

Par malheur, elle n'eut qu'un succès d'estime.

La maîtresse d'institution s'empressa d'apporter à Scribe deux autres vaudevilles, dont elle espérait tirer plus d'argent que du premier.

Cette fécondité du bas-bleu devenait inquiétante.

Scribe appela Guyot [1] et lui donna l'ordre de faire rapporter aux *Empiriques*, joués ou non, douze cents francs par an de droits d'auteur.

Il créait ainsi à madame Friedelle (c'était le nom de sa collaboratrice) une pension de six cents francs, afin qu'elle le laissât en repos.

Mais le contraire arriva.

La délicatesse même du secours exposait Scribe à des visites presque quotidiennes, et le déluge des manuscrits allait croissant.

[1] L'un des deux agents dramatiques chargés de la perception des droits.

— Travaillons, monsieur Scribe, travaillons! disait la dame. Je touche pour ma part des droits considérables; donc, les *Empiriques* ont du succès. Le mois dernier, c'est nous qui avons fait les plus fortes recettes en province.

Scribe fut obligé de se sauver à la campagne pour échapper à ces argumentations victorieuses.

Madame Friedelle n'a jamais connu le secret des livres de l'agence. Jusqu'à sa mort, elle a touché ses droits d'auteur fort régulièrement, un peu scandalisée toutefois de voir Scribe faire quarante ou cinquante pièces avec Mélesville, quand il n'en avait fait qu'une avec elle.

Tous les grands producteurs ont adopté pour leur travail une sorte de règlement inflexible, dont ils ne s'écartent à aucun prix.

La manière de travailler de Scribe reste la même depuis trente ans. Il n'y change rien, quoi qu'il arrive.

A cinq heures du matin, été comme hiver, il s'installe devant un pupitre élevé qui lui permet d'écrire debout. Il y reste invariablement jusqu'à midi, déjeune, va surveiller ses répétitions ou rumine ses plans. Le lendemain, il recommence, et la roue de la fabrication dramatique ne s'arrête jamais [1].

[1] Un auteur du boulevard, marié richement, fit représenter beaucoup de ses premières pièces au moyen de diverses sommes assez rondes payées aux directeurs de théâtre. Sa femme, persuadée que tous ses confrères employaient le même procédé, dit un jour, après avoir lu un feuilleton de Janin : « Trois pièces de M. Scribe

Nous savons de bonne source que Scribe a dressé lui-même, par ordre alphabétique, la liste complète de ses œuvres théâtrales. S'apercevant que trois lettres lui manquaient, le K, l'Y et l'X, il se hâta de confectionner le *Kiosque* pour l'Opéra-Comique, *Yelva* pour le Gymnase et *Xacarilla* pour le grand Opéra.

Aujourd'hui l'alphabet n'a plus rien à lui reprocher.

Le chiffre de la liste monte à trois cents quarante-cinq pièces qui, réunies, forment huit cent quatre-vingt-dix-sept actes.

Traînant après lui ce bagage énorme, M. Scribe a fait, de temps à autre, quelques excursions sur le territoire du roman.

cette semaine ! En vérité, c'est de l'extravagance ! il se ruinera ! »

Beaucoup de ses nouvelles ont été publiées par le *Siècle*[1]. Ce journal, dont la caisse déborde toujours, acheta un beau matin *Piquillo Alliaga* pour la somme de vingt mille écus.

Les abonnés gardent pitoyable souvenir de cet immense délayage excessivement peu littéraire. Ils n'engageront certes pas le *Siècle* à recommencer pareil sacrifice. Le style de M. Scribe se supporte au théâtre, mais on ne l'accepte plus dans le livre. Ses petits rouages dramatiques s'engrènent mal et ne peuvent conduire

---

[1] Les principales sont : *Carlo Broschi*, la *Maîtresse anonyme*, *Judith*, le *Roi de Carreau* et *Maurice*, dont nous avons déjà parlé précédemment. Cette dernière nouvelle est une histoire véritable, à laquelle M. Scribe s'est trouvé mêlé comme acteur. Tous les héros qu'il a mis en scène existent encore. (Voir le tome XIe de ses OEuvres complètes, édition Lebigre, page 119.)

une œuvre de longue haleine; ils ralentissent l'intérêt, ils détruisent le nerf de l'action, ils s'endorment et endorment le lecteur.

En attendant, les vingt mille écus du *Siècle* ont servi à acheter une forêt, que l'opulent écrivain a pu joindre à son parc de Séricourt[1], sous le nom de *bois de Piquillo*.

La campagne de M. Scribe est un véritable paradis terrestre.

Après avoir maîtrisé les eaux de quelques terrains marécageux, il a réussi à former trois rivières qui arrosent les cinq cents arpents de son domaine.

Il y a la rivière de *Robert le Diable,*

---

[1] Terre magnifique, située dans le département de Seine-et-Marne, près de la Ferté-sous-Jouarre.

celle des *Huguenots* et celle de la *Juive*.

Tout cela serpente au travers du *bois de Piquillo*, murmure sous les bosquets de la *Sirène* et baigne les quinconces du *Prophète*.

Madame Scribe[1] a essayé de métamorphoser son époux en horticulteur, afin de le détourner d'un travail qui le fatigue et qui n'est plus de son âge. Elle a perdu son temps et ses peines.

---

[1] Le vaudevilliste s'est marié à quarante-huit ans avec madame Biollay, veuve d'un marchand de liqueurs. Sa femme avait deux fils, dont l'un vient d'épouser mademoiselle Bayard. On assure que Scribe s'est décidé au mariage pour échapper aux séductions trop multipliées des débutantes de Paris et de la banlieue, qui venaient lui arracher des rôles à force de sourires et d'œillades. Depuis cet hymen, sa santé chancelante se fortifie. On l'entoure de prévenances. Le valet de chambre a le mot d'ordre de madame Scribe; il n'écoute pas son maître, et celui-ci est parfaitement soigné sans qu'il y paraisse.

Le voyant depuis quelques jours se retirer au fond d'une serre, elle pensa qu'il prenait goût à la culture des fleurs. Quand elle accourut lui adresser des félicitations à cet égard, elle le trouva terminant le vaudeville des *Camélias*[1] sur la caisse d'un géranium renversé.

Dans sa campagne de Séricourt Scribe est un véritable seigneur châtelain. Sa femme et lui sont adorés des villageois d'alentour.

Il n'est pas une chaumière que madame Scribe ne visite. Les malheureux du pays la regardent comme leur providence, et l'hiver ne la ramène à Paris que pour y secourir d'autres infortunes.

[1] Cette pièce est restée en portefeuille à cause de son titre, que le succès de la *Dame aux Camélias* rendait impossible.

C'est un ange de charité[1].

Fières de la prendre pour modèle, toutes les dames riches du deuxième arrondissement se sont coalisées pour la bienfaisance, et, grâce à cette association, plus de cent cinquante familles sont à l'abri de la misère et de la faim.

— Écoute, dit Scribe à sa femme, laisse-moi travailler; j'abandonne mes droits d'auteur à tes pauvres.

Depuis ce moment, elle trouve qu'il n'écrit plus assez de pièces.

Il est vrai que le fécond vaudevilliste est un peu à court de sujets. La mine est

---

[1] Béranger connaissait beaucoup madame Scribe avant son mariage. « Ah! ma chère amie, lui disait-il, en devenant une grande dame, vous allez perdre vos excellentes qualités! » Le vieux chansonnier n'a pas été bon prophète.

épuisée; mais il fouille dans ses cartons et y trouve d'anciennes ébauches qu'il achève, et dont il réussit encore à faire des tableaux présentables.

La recette continue à être excellente.

Scribe possède une autre ressource, qu'il a de tout temps mise en œuvre : c'est de s'approprier les sujets mal compris par les autres vaudevillistes et de les replacer sur le chantier. Son habileté dans ce genre de travail est extrême. Il coupe, taille, rabote les actes, leur donne une couche de vernis et les vend comme neufs.

Parfois un directeur avisé s'aperçoit du jour.

— La *Rose blanche*, la *Rose blanche*! lui dit un jour Crosnier, n'est-ce pas le titre d'une pièce jouée, il y a un an, à la Gaîté?

— J'en conviens, répond Scribe.

— Est-ce le même sujet?

— Absolument le même.

— Diable!... Mais la pièce n'a pas réussi là-bas.

— Que vous importe, si elle réussit chez vous?

Crosnier se décide à recevoir le libretto. La musique se compose; le jour de l'épreuve arrive, et la *Rose blanche* est applaudie à tout rompre.

Notre héros assiste, au fond d'une loge, à toutes les premières représentations. Quand une pièce tombe, il se frotte les mains en disant :

— Je la referai l'année prochaine!

M. Scribe est d'un caractère très-doux. Il a des formes légèrement aristocratiques, mais pleines d'amabilité, de tact et de convenance. Ayant organisé une petite soirée du jeudi, uniquement pour se donner la joie d'une partie de whist, il ne peut jamais y parvenir, occupé qu'il est sans cesse à faire accueil à tout le monde et à remplir ses devoirs de maître de maison.

Nous touchons à la limite tracée par notre cadre, et cependant nous aurions encore une foule de détails curieux à donner sur le personnage illustre que nous mettons en scène.

Il n'est pas aimé de ses confrères pour deux motifs.

Le premier, c'est qu'il n'entre jamais dans les estaminets, où trop souvent ces messieurs collaborent, le cigare aux lèvres, entre la bière et le cognac.

Le second, c'est que, dans la plupart des villes de l'Europe et même dans nos provinces, on ne connaît qu'un seul nom. C'est le nom de M. Scribe.

On lui attribue toutes les pièces jouées à Paris. Il n'est pas rare de voir des affiches annoncer en lettres gigantesques :

« Tartufe, *comédie en cinq actes, de M. Scribe.* — Lucrèce, *tragédie en cinq actes, de M. Scribe.* » etc., etc.

Tous les succès lui appartiennent, toutes les couronnes se réunissent sur son front. Il n'y a pour les provinciaux et les étrangers qu'une gloire dramatique, toujours la même, toujours rayonnante, la gloire de M. Scribe.

C'est l'homme le plus heureux de la terre.

Tout le monde veut lui donner, personne ne lui prend rien.

Les plus hauts personnages ont brigué l'honneur de sa collaboration, et Louis-Philippe lui-même, si l'on en croit Frédéric Thomas [1], a commis un vaudeville avec M. Scribe.

Honneur donc à cet homme universel !

Qu'il moissonne la gloire présente, qu'il s'enivre des hommages du moment, qu'il cueille les lauriers du jour.

Si l'avenir le renverse de son piédestal, il ne sentira pas la chute.

Entre ses mains la plume est devenue

---

[1] Voir dans l'*Estafette*, sous le titre *Courrier du palais*, son spirituel feuilleton du 11 juin dernier.

le caducée de Mercure ; il lui doit sa fortune et son indépendance. Aussi prend-il une plume pour devise, avec cette légende :

Inde fortuna et libertas.

Or, si nous avons reconnu le mérite de M. Scribe en fait d'agencement et de charpente, nous sommes loin de le proposer comme un modèle à suivre en tout.

C'est un observateur très-habile, mais qui s'arrête à la surface des choses et n'approfondit rien. Ses œuvres sont le reflet exact d'une époque sans caractère, d'un siècle sans force et sans élan. Nous trouvons en lui l'écrivain bourgeois par excellence, et la bourgeoisie s'est extasiée naturellement

devant le tableau qui la représente. Comme
le bourgeois, M. Scribe est superficiel ;
comme le bourgeois, il possède ce demi-
savoir qui est un des fléaux de l'époque,
et qui, après avoir tout gâté en religion
comme en politique, envahit aujourd'hui
la littérature et les arts.

M. Scribe n'a point d'initiative.

Il s'applique à restreindre ses horizons,
à demeurer au niveau de son public ; il
s'accroupit volontairement dans l'ornière,
il comprime les ressorts de son intelligence,
il ne veut que des idées rebattues, il n'accepte que les mots vieillis. Quand un trait
se présente sous sa plume, il l'analyse, le
dissèque et le biffe sans pitié, s'il ne doit
pas être compris de tout le monde.

M. Scribe travaille sciemment et par

calcul pour les esprits médiocres, c'est-à-dire pour le plus grand nombre.

Le mot qui court les rues, le calembour répété par tous les *ana*, voilà ce qu'il cherche. Il les place en situation avec une sûreté de coup d'œil admirable. Du parterre aux loges, on les accueille par un éclat de rire, on les salue comme de vieilles connaissances.

Est-ce là du génie? Non, c'est de l'adresse.

Nous dirons plus, c'est la boutique et le cours de la Bourse appliqués aux lettres.

Toutes les fois qu'un écrivain semble dédaigner le style et n'apporte pas son tribut au perfectionnement de la langue, il est dans ses torts. Que le prosaïsme de son époque lui donne un succès passager, qu'il exploite ce succès, qu'il fasse fortune, très-bien !

Mais qu'il renonce à la gloire à venir.

Les littératures d'engouement et de transition passent avec le hasard ou la fantaisie qui leur ont donné naissance ; les pièces de M. Scribe vieilliront en même temps que les hommes dont elles ont reçu les éloges.

Pas une, c'est triste à dire, n'a ce cachet d'éternelle vérité qui distingue les œuvres de Molière et les rendent aussi jeunes, après deux cents ans, que le jour où elles ont été représentées en face du grand siècle.

M. Scribe n'est jamais dans la nature, il est dans la convention. La convention passe, que reste-t-il ?

A présent que nous avons obéi à un

devoir rigoureux et descendu de son trône le roi du théâtre moderne, donnons-lui la place qui lui convient au-dessous des maîtres.

Elle est encore assez honorable pour qu'il en soit fier.

Si M. Scribe manque de style; si de la multitude de pièces fort bien charpentées dont il dote la scène, il n'en est pas une qui mérite le nom de chef-d'œuvre et qui doive rester comme un monument de génie, ce n'en est pas moins un auteur de circonstance très-précieux.

Il ne fait point progresser l'art, il se garde d'enrichir la langue ; mais personne ne lui refuse un talent réel que peu d'écrivains dramatiques possèdent, celui de nouer l'intrigue et de la dénouer par mille petits moyens dont il a le secret, qu'il tourne et retourne à l'infini, sans que le spectateur s'aperçoive de la ruse.

Une fois enveloppé dans cet inextricable réseau dont M. Scribe serre autour de vous les mailles invisibles, vous ne vous appartenez plus à vous-même. Il faut, bon gré, mal gré, faire abstraction de votre jugement et de votre goût pour admirer ce qu'on vous présente. On vous retient terre à terre, et vous y restez sans vous plaindre. Vous riez du bon mot le plus commun, vous écoutez un dialogue que jamais vous n'eussiez consenti à lire, et vous l'écoutez avec intérêt, sans effort. La situation vous enchaîne, le réseau se noue de plus en plus, vous êtes prisonnier de M. Scribe.

Quand la toile tombe, vous avez beau

dire : Où est le but ? Qu'est-ce que cela prouve ?

Il est trop tard.

Les cinq actes sont finis ; vous avez entendu la pièce d'un bout à l'autre sans pouvoir rompre le charme ; vous avez applaudi peut-être, et demain vous applaudirez encore.

Nous croyons être juste dans cette appréciation toute littéraire, et nous la maintenons, bien qu'elle ne doive ni convaincre beaucoup de monde, ni empêcher M. Scribe de remporter au théâtre de nouvelles victoires, en se servant du même procédé.

Il en est des écrivains comme des modes : plus on les critique, plus ils font fureur.

Jamais M. Scribe n'a connu le besoin ;

jamais on ne l'a vu se débattre dans ces entraves de la vie matérielle, qui arrêtent l'essor de beaucoup de talents. De son patrimoine, il possédait quatre ou cinq mille francs de rente. Le but unique de ses travaux a été d'accroître cette fortune et d'en porter le chiffre à des proportions fabuleuses. Un mercier dans son échoppe, un banquier dans son comptoir, n'ont jamais eu plus d'âpreté à la vente, plus de rigidité dans le calcul. Scribe est le bourgeois lancé avec tous ses instincts dans le domaine de l'art. Il y apporte l'économie, l'ordre, la finesse commerciale, le génie des affaires.

Sa muse compte les gros sous et tient les livres comme une marchande de la rue aux Ours.

Entrez dans le cabinet de l'auteur du *Verre d'eau*, vous y trouverez certain registre, où s'aligne, au-dessous des trois ou quatre cents pièces qu'il a produites, le chiffre exact de leurs recettes, soit à Paris, soit en province. Il peut suivre ainsi la marche de son talent dramatique, jour par jour, écu par écu, addition par addition, jusqu'au total énorme amassé à l'heure actuelle, et qui ne peut manquer d'augmenter encore.

M. Scribe, nous l'avons déjà dit, a deux ou trois millions de fortune.

Est-ce à dire qu'il mérite le blâme pour avoir su s'enrichir? Non, certes; nous le trouvons dans son droit le plus légitime, et, d'ailleurs, il est impossible, comme nous l'avons prouvé, de voir un homme employer l'or qu'il gagne à un plus digne et plus noble usage.

Mais un esprit qui a vers l'argent quelque tendance néglige à coup sûr la gloire.

Quand on s'occupe de remplir un coffre, on cède à la tentation d'abandonner l'art, pour faire du métier; on sacrifie aux goûts vulgaires, on se trompe soi-même sur la nature du succès, et l'on prend l'antre de Plutus pour le temple d'Apollon.

N'est-ce pas un peu le cas où se trouve M. Scribe ?

A-t-il jamais travaillé dans ce recueillement absolu, dans cette absence de préoccupations, dans ce calme religieux de l'esprit qui enfantent les chefs-d'œuvre ? Nous sommes loin de le croire.

Il ne cultive pas les lettres, il les exploite.

Dans ce siècle de vapeur et de chemins de fer, il applique la locomotive au théâtre.

Sa marche est plus rapide, il arrive au but en un clin d'œil; mais demandez-lui quels pays il a parcourus, quelles observations il a faites, quelles notes il rapporte du voyage, vous le mettrez dans un grand embarras : il n'a eu le temps de rien voir, de rien étudier, de rien approfondir.

M. Scribe est un arbre plein de séve qui n'a voulu produire que des fleurs.

FIN.

Monsieur

Je n'aurais voulu vous répondre qu'en vous envoyant ce que je vous dois depuis si longtemps, mais dans ce moment parti entre mes visites pour l'académie et mes répétitions d'une pièce en cinq actes aux français, je n'ai pas dans ma journée un moment pour écrire et même pour penser mais la semaine prochaine je serai débarassé de ces deux ennuis et je pourrai enfin songer à payer mes dettes.

Recevez, mon cher et indulgent créancier, les amitiés de votre très paresseux mais tout dévoué débiteur

Eugène Scribe

www.ingramcontent.com/pod-product-compliance
Lightning Source LLC
LaVergne TN
LVHW052103090426
835512LV00035B/967